CLARA GAZUL

de l'imp. lith. de C. de Lasteyrie.

Imp. Lemercier & Cie Paris.

LE PORTRAIT

DE

PROSPER MÉRIMÉE

TOUR À TOUR

EN FEMME ET EN HOMME

D'après un des trois exemplaires connus
de la Lithographie de 1825, et d'après un Dessin inédit
de E.-J. Delécluze

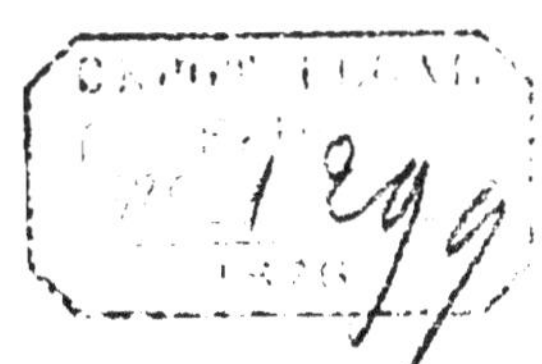

Tirage à 110 ex., dépôt compris.

LE

PORTRAIT DE MÉRIMÉE

TOUR A TOUR

EN FEMME ET EN HOMME

———

La lithographie de CLARA GAZUL, sous les traits de Prosper Mérimée, dessinée par le célèbre critique d'art Étienne-Jean Delécluze, a été signalée, en 1840, par le premier catalogue Fossé-Darcosse (n° 534); M. Louis de Loménie, dans son discours de réception à l'Académie française, en a depuis confirmé la parfaite authenticité. Dans une vente dirigée par M. J. Baur, en février 1875, un exemplaire, le troisième connu, ornant l'édition originale du *Théâtre de Clara Gazul*, de 1825, a été poussé, par un amateur de Londres, au prix inattendu de 220 francs.

A la sollicitation de plusieurs curieux nous faisions reproduire, par un artiste habile, cette pièce introuvable, lorsque nous fûmes informé que le dessin original était sans doute chez M. Adolphe Viollet-Leduc, neveu de Delécluze, ami de Mérimée, et le successeur du premier dans les fonctions qu'il remplissait au *Journal des Débats*. C'était vrai, avec cette particularité bien intéressante, qu'un autre dessin, aussi de Delécluze, et signé des initiales de ses nom et prénoms, E. J. D., représentant le haut de la tête de Mérimée et son habit, collé en marge du portrait de la prétendue Clara Gazul, s'adaptait exactement à son visage, par une découpure, en dissimulant son costume. On avait ainsi, alternativement, un double portrait de l'écrivain, à l'âge de vingt-trois ans, sous les vêtements des deux sexes.

Avec la plus parfaite bonne grâce, M. Adolphe Viollet-Leduc nous a communiqué ces deux dessins et nous a autorisé à faire *fac-similer* le second, comme le complément obligé de la lithographie de 1825.

Que Mérimée ait eu la fantaisie galante de se faire dessiner en femme, c'est très-bien, mais on n'est pas fâché de lui voir quitter le travesti, et de le regarder, en homme, avec le même visage juvénile. Mademoiselle CLARA GAZUL, cette beauté aux traits un peu forts, bien qu'agréables, en bon point, avec sa gorge toute née et son collier fermé par le signe de la rédemption, semble, à distance, une image un peu bien paradoxale de cet homme grand, maigre, à mine froide et un peu hautaine, qui répondit si net à Napoléon III, à propos de nous ne savons quel candidat à l'Académie française : « Sire, je ne donnerai jamais ma voix à un clérical. »

A. P.-M.